T0197600

Hey Dude, Know Your Scripture-

Oye Chico, Conoce tu Biblia.

Find the Hidden Crosses-

Encuentra las cruces escondidas

Leslie Moore

WestBow Press books may be ordered through booksellers or by contacting:

WestBow Press
A Division of Thomas Nelson & Zondervan
1663 Liberty Drive
Bloomington, IN 47403
www.westbowpress.com
844-714-3454

ISBN: 978-1-4497-7071-6 (sc)
ISBN: 978-1-4497-7070-9 (e)

Library of Congress Control Number: 2012919670

Print information available on the last page.

WestBow Press rev. date: 02/22/2021

WESTBOW
PRESS°
A DIVISION OF THOMAS NELSON
& ZONDERVAN

The message in "Hey Dude" is really good and it got my daughter to think about having her own favorite scripture. It's a great book, but more than that, it includes interactivity that really engages your child.

El mensaje de " Oye Chico " es muy bueno y lo tengo a mi hija a pensar en tener su pasaje favorito. Es un gran libro, pero más que eso, incluye interactividad que realmente se dedica a su hijo.

Janine Johns

"I absolutely love it" Navéh Kelly, Age 6

"Me encanta" Naveh Kelly, de 6 años

"Hey Dude." Said Reign, the deer,
"Do you have a special scripture?"
"Why, yes, I do!" said Dude "It is
the Bible verse Psalms 150:6 (TNIV).
Let everything that has breath
praise the Lord. Praise the Lord."

Oye Chico, Dijo Reinado, el venado, "tienes
un verso de Biblia especial"? "Claro que sí!
Dijo Chico, es el verso de los Salmos 150:6
(NVI). ¡Que todo lo que respira alabe al
Señor! ¡Aleluya! ¡Alabado sea el SEÑOR!

I say my scripture all the time...when I
am happy and when I am sad. I read
my Bible verse on good days and bad.

Digo mi verso de Biblia todo el tiempo...
cuando estoy feliz y cuando estoy triste.
Leo mi verso en días buenos y malos.

Everyone in my family has a special scripture from the Bible. We say our special verse before we go to bed. Each of us takes a turn.

Todos en mi familia tenemos una verso de Biblia especial. Decimos nuestro verso especial antes de acostarnos. Cada uno de nosotros tomamos un turno.

Do you have a special Bible verse?

¿Tienes un verso de Biblia especial?

If you don't have a special Bible verse, here are some that are fun to memorize. If you do, please share it at the end of this story.

Si no tienes un verso de Biblia especial, aquí hay unos versos que son divertidos para memorizar. Pero si tienes uno que es especial, porfavor compartelo al final del cuento.

I praise you because I am fearfully
and wonderfully made; your works
are wonderful, I know that full
well. Psalms 139:14 (TNIV)

¡Te alabo porque soy una creación
admirable! ¡Tus obras son maravillosas, y
esto lo sé muy bien! Salmos 139:14 (NVI)

For I know the plans I have for you,
"declares the Lord", plans to prosper you
and not to harm you, plans to give you
hope and a future.   Jeremiah 29:11 (TNIV)

Porque yo sé muy bien los planes
que tengo para ustedes -afirma el
Señor-, planes de bienestar y no de
calamidad, a fin de darles un futuro y
una esperanza. Jeremías 29:11 (NVI)

Whatever you do, work at it with all your heart, as working for the Lord, not for human masters. Colossians 3:23 (TNIV)

Hagan lo que hagan, trabajen de buena gana, como para el Señor y no como para nadie en este mundo, Colosenses 3:23 (NVI)

I can do all things through Christ who
strengthens me. Philippians 4:13 (NKJV)

Todo lo puedo en Cristo que me
fortalece. Filipenses 4:13 (NVI)

Give thanks to the Lord, for
he is good; his love endures
forever. Psalms 118:29 (TNIV)

Den gracias al Señor, porque él es
bueno; su gran amor perdura para
siempre. Salmos 118:29 (NVI)

Let us not become weary in doing good, for at the proper time we will reap a harvest if we do not give up. Galatians 6:9 (TNIV)

No nos cansemos de hacer el bien, porque a su debido tiempo cosecharemos si no nos damos por vencidos. Gálatas 6:9 (NVI)

My dear brothers and sisters, take note of this: Everyone should be quick to listen, slow to speak and slow to become angry. James 1:19 (TNIV)

Mis queridos hermanos, tengan presente esto: Todos deben estar listos para escuchar, y ser lentos para hablar y para enojarse; Santiago 1:19 (NVI)

Pick out a Bible verse for yourself and
share it with your family and friends.
God's Word will protect you as you grow!

Escoge un verso de la Biblia, y
entonces compartelo con tu familia
y amistades. La Palabra de Dios te
protegerá en tu crecimiento!

Parents, to create dialogue, ask your child the following questions:

What does each Bible verse mean to you?

What do you see Dude doing in the pictures to uphold each Bible verse?

How can you use the scripture in your everyday life?

Ask the same questions for the Bible verses that your children add to the activity pages.

Find the cross hidden on each page.

Padres, para crear conversación, pregúntele a su hijo(a) las siguientes preguntas:

¿Qué significa para ti cada versículo de la Biblia?

¿Qué ves Chico haciendo en las fotos para defender cada verso de Biblia?

¿Cómo puedes utilizar tu verso de Biblia todos los días?

Haga lo mismo aquí, con los nuevos versos de Biblia, que sus niños (as) añaden a las páginas de actividades.

Encuentra la cruz escondida en cada página.

Lines for child to add Bible verses

Las líneas para que el niño(a) añade versiculos de la Biblia

_____

_____

_____

_____

_____

_____

_____

_____

_____

_____

Lines for child to add Bible verses

Las líneas para que el niño(a) añade versiculos de la Biblia

_____

_____

_____

_____

_____

_____

_____

_____

_____

_____

_____

Lines for child to add Bible verses

Las líneas para que el niño(a) añade versiculos de la Biblia

_____

_____

_____

_____

_____

_____

_____

_____

_____

_____

_____

Lines for child to add Bible verses

Las líneas para que el niño(a) añade versículos de la Biblia

_____

_____

_____

_____

_____

_____

_____

_____

_____

_____

_____

Printed in the United States
by Baker & Taylor Publisher Services